AF450346

2ᵐᵉ SÉRIE

PRÉFACE

DE

Henri LAVEDAN

Par

A. Guillaume

H. SIMONIS EMPIS, Éditeur.

DES BONSHOMMES

DEUXIÈME SÉRIE

———

Exemplaire N° 2

PARIS. — IMPRIMERIE BREVETÉE CHARLES BLOT, RUE BLEUE, 7.

2ᵐᵉ SÉRIE

DES BONSHOMMES

PAR A. GUILLAUME

PRÉFACE
DE
HENRI LAVEDAN

PARIS
H. SIMONIS EMPIS, ÉDITEUR
2, Rue Chérubini, 2
—

PRÉFACE

— — —

Mon cher Guillaume,

Vous me demandez de présenter au public vos nouveaux
« Bonshommes ». Je n'ai pas la prétention de croire que ces
bons petits messieurs et ces chères petites dames, si peu timides,
aient besoin de moi pour les annoncer. D'ailleurs on les connaît
déjà, grâce à vous qui, en un tour de main, nous les déshabillez
par-dessous la jambe avec un bonheur d'esprit et de gaieté,
toujours croissant.

Je dirai donc tout bonnement ce qu'ils me « disent ».

Ils me disent avant toute chose, et de toutes leurs
forces, qu'ils veulent s'amuser, qu'ils le demandent à corps et à
cris, avec une telle violence que nous ne pouvons pas faire
autrement que de nous en amuser nous-mêmes. C'est une

petite fête pour nous que le régal de vos dessins si fêtards.
Et non seulement nous, les jeunes, les demi-jeunes et les fin-
de-jeunes, mais tout le monde, y compris les mortels très avancés.
Car si ces pages retroussées stimulent l'émulation de ceux qui
sont au seuil de la carrière, j'imagine qu'elles ne doivent pas
non plus déplaire aux mûrs, aux valétudinaires de Paris. Elles
leur rappellent, non sans une cuisante mélancolie, les plaisirs les
moins intellectuels et les plus certains de leur vingtième année,
plaisirs souvent prolongés jusqu'à la quarantième, et le pouce!
Ce que vous fixez, en effet, avec un spécial mérite, c'est les
aspects divers de ce genre de fête, purement physique et un peu
animale, qu'on pratique, à partir de l'instant où l'on sort du
collège, sous prétexte de devenir un homme. Vous êtes le
Dangeau des chahuts, des cascades et des ta-ra-ra-boum. Vos
dessins ont toujours ce petit je ne sais quoi d'allumé et de diable-
aux-reins qu'ont dans le regard et la tournure les femmes de
notre chère capitale en temps d'Exposition Universelle... Ah! vous
devez être adoré des étrangers qui descendent au Grand-Hôtel,
vont aux Folies-Bergère, à l'Américain, au Palais de Glace, à
l'Olympia, puis s'en retournent dans leurs Brésils, persuadés,
sur la bonne foi de votre crayon spirituel et gamin, que toutes
nos femmes sont rousses! Plus tard, ils se renseigneront, et ils
reconnaîtront que, s'ils ne se sont pas trompés de beaucoup, il y
a pourtant encore à Paris d'honnêtes Parisiennes. J'en appelle
à Becque.

Et vous aussi, mon cher Guillaume, vous vous assagirez.
Pas tout de suite. Ce serait trop tôt pour nous. Mais, plus tard,
quand vous serez grand-père, ce sera votre châtiment que d'être

obligé de mettre sous clef vos albums pour que vos petits-
enfants n'y fourrent pas le nez. Dans ce temps-là, vous serez pudi-
bond, vous direz : « Comment, c'est moi qui ai fait tous ces
mollets-là! tous ces bas noirs! » Vous soupirerez alors, parce que
vous serez de l'Institut. Et vos petits-enfants vous blagueront.
Ils vous appelleront Bérenger!... Vous serez de la Ligue! Je vois
tout ça à l'avance, comme si j'y étais.

Bonjour, mon cher Guillaume.

Henri LAVEDAN.

LE VÉRITABLE COUCHER DE DON JUAN

L'ÉMANCIPATION DE LA FEMME

AVANT, PENDANT ET APRÈS LE BALLET

INCIDENT D'AUTOMNE

PENDANT LES CHALEURS

POUR PLUS DE SURETÉ

COMMENT ON RATE UN RICHE MARIAGE

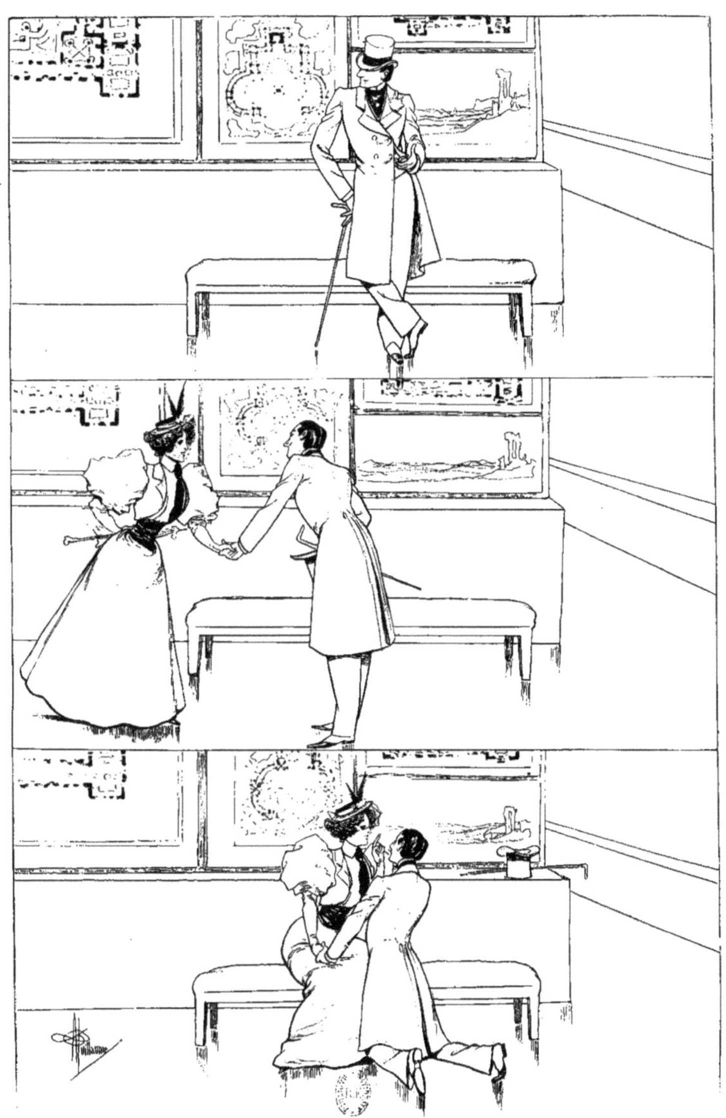

ADHESIONS

LES TRAHISONS DU PATIN

MARCHE DE NUIT

INCOMPATIBILITÉ D'HUMEUR

CHEZ MOLIER

9 782329 694030